ENGLISH

NEXT

Starter

Companion

Max Hueber Verlag

English NEXT
Starter

Student's Book
Myriam Fischer Callus (Autorin)
Birgit Meerholz-Härle (Beraterin)

Companion
Gernot Häublein
Gareth Hughes

3. 2. 1. | Die letzten Ziffern
2010 09 08 07 06 | bezeichnen Zahl und Jahr des Druckes.
Alle Drucke dieser Auflage können, da unverändert, nebeneinander benutzt werden.
1. Auflage

Verlagsredaktion: Thomas Bennett-Long, Susanne Schindler
Umschlagfoto: © Digital Vision
Zeichnungen: Sina Scheller-Persenico, Zürich
Druck und Bindung: Ludwig Auer GmbH, Donauwörth
Printed in Germany
ISBN 10: 3-19-042930-8
ISBN 13: 978-3-19-042930-1

List of contents *Inhaltsübersicht*

Welcome to your Companion

Das bietet Ihr Companion

Companion heißt „Begleiter/in" – dieses Buch wird Sie auf Ihrem Lernweg mit dem Englischkurs **NEXT Starter** begleiten. **Companion** heißt aber auch „Kamerad/in, Freund/in" – dieses Buch soll Ihnen beim Lernen helfen, so wie es gute Freunde tun. Es bietet Ihnen für das Lernen zu Hause und unterwegs praktische Hilfen an.
Nutzen Sie also Ihren **Companion** im Zusammenspiel mit dem **Student's Book**, der **Audio-CD/CD-ROM** und vor allem dem zweiten „kleinen Buch" namens **Reference**, in dem Sie alle für das Selbstlernen wichtigen Dinge nachschlagen und lesen können.

Your vocabulary

Ihr Lernwortschatz

Dieses Kapitel hat zwei Teile. Zunächst bietet Ihnen der **Unit-Lernwortschatz** alle englischen Ausdrücke und Wörter in der Reihenfolge, wie sie in Unit 1–6 von Abschnitt zu Abschnitt (A, B, C, ...) und von Lernschritt zu Lernschritt (A1, A2, A3, ...) eingeführt und geübt werden. Hier einige nützliche Besonderheiten dieses Lernwortschatzes:

- Wo immer möglich, werden die neuen Wörter im Kontext dargestellt (d. h. in Satzausschnitten, Redewendungen, Ausdrücken usw.).
- Die genaue Bedeutung im jeweiligen Zusammenhang klärt die deutsche Entsprechung (rechte Spalte), wobei nicht Wort für Wort übersetzt wird. Vielmehr werden hier auch die vielen Unterschiede zwischen dem Deutschen und dem Englischen sichtbar gemacht. Motto: „Wie sagt man das auf Englisch?"
- Der Wortschatz ist in kleine „Lernportionen" von ca. 3–10 sprachlichen Einheiten aufgeteilt, die inhaltlich eng zusammengehören. Diese Portionen sind durch grüne Linien voneinander getrennt. Bearbeiten Sie täglich 1–2 Lernportionen – nicht 10 Portionen am Tag des Englischkurses!
- Grüne „Achtung!"-Kästchen: Das Symbol ▲ verbindet sprachliche Beispiele mit den Infos im Kästchen.
- Viele praktische Tipps, die Ihre Wortschatzarbeit zum Lernspaß machen können.

Drei wichtige Hinweise:

- Den Lernwortschatz finden Sie auch auf CD-ROM, als Text und als Tonaufnahme. Klicken Sie eine englische Textzeile am Bildschirm an – und sie hören sie gesprochen. Sie lernen also nicht nur durch Lesen und Schreiben, sondern zusätzlich auch durch Hören und Nachsprechen.

- Vergessene Wörter schlagen Sie im **Reference**, **Alphabetischer Wortschatz**, nach. Von dort finden Sie schnell zum sprachlichen Kontext im **Student's Book** und zur genauen Bedeutung im **Unit-Lernwortschatz**.
- Der Wortschatz zu den **Plus**-Abschnitten und zu den **Homestudy**-Übungen hilft beim Lösen der dortigen Aufgaben. Wenn diese Wörter später im **Student's Book** noch einmal verwendet werden, erklären wir sie an dieser Stelle erneut.

Der zweite Teil ist ein **Wortschatz in Themengruppen**. Er bündelt systematisch Ausdrücke für das „sprachliche Überleben", etwa für Begrüßung und Verabschiedung. Außerdem stellt er große Wortgruppen wie Zahlen, Monatsnamen, Länder, Sprachen zusammen. Im **Unit-Lernwortschatz** finden Sie am Seitenrand häufig Hinweise auf Teile des **Wortschatzes in Themengruppen**: Hier sollten Sie immer „umsteigen" und den angegebenen Themen-Abschnitt studieren.

Your link to the „European Language Portfolio"

Ihr Link zum „Europäischen Sprachenportfolio"

Dieses letzte Kapitel ermöglicht Ihnen die praktische Nutzung eines europaweit verbreiteten und anerkannten Systems zur Planung, Kontrolle, Verbesserung und Dokumentation Ihres eigenen Lernweges – in diesem Fall für das Englische, Ihre neue Sprache.
Arbeiten Sie bitte die ersten 4 Abschnitte dieses Kapitels in den ersten 4 Kurswochen gründlich durch. Nutzen Sie die dabei gewonnene Klarheit über ihren bisherigen Lernweg und Ihren Lernstil für den weiteren Englischkurs mit **NEXT Starter**. In den letzten 2 Wochen des Kurses sollten Sie die Abschnitte „Meine Selbstbeurteilung am Ende des Kurses" und „Mein Lernplan" bearbeiten.

Viel Lernspaß und großen Erfolg mit Ihrem **Companion** und dem **NEXT Starter**-Englischkurs wünschen Ihnen

Autoren und Verlag

Your Vocabulary

Ihr Lernwortschatz

Erklärung der verwendeten Zeichen und Abkürzungen

/	oder
▲	„Achtung!“
↔	Vergleichen Sie bitte.
=	Beide Wörter/Ausdrücke haben gleiche Bedeutung.
≠	Beide Wörter/Ausdrücke haben unterschiedliche Bedeutungen.
A2	Abschnitt A, Schritt 2
etw.	etwas
hier:	Das Wort / der Ausdruck hat hier die folgende Bedeutung. (In einem anderen Zusammenhang kann die Bedeutung anders sein.)
jd/jdn/jdm	jemand/jemanden/jemandem
sth	something (etwas)
sb	somebody (jemand/jemanden/jemandem)
p.	page (Seite)
BE	britisches Englisch
AE	amerikanisches English
sing.	Dieses Wort wird nur oder zumeist in der Singularform (Einzahl) verwendet.
pl.	(1) Dieses Wort wird nur oder zumeist in der Pluralform (Mehrzahl) verwendet. (2) Die unregelmäßige Pluralform ist: ...
adj	adjective (Adjektiv)
adv	adverb (Adverb)
conj	conjunction (Konjunktion)
n	noun (Nomen)
prep	preposition (Präposition)
vb	verb (Verb)
→ p. 51	Verweis auf S.51

Vocabulary unit by unit
Unit-Lernwortschatz

Unit 1: You and me – people from Europe

you and me	du/Sie und ich
people from Europe	Menschen aus Europa
what's your name?	wie heißt du?, wie ist Ihr Name?
where are you from?	woher bist/kommst du?, woher sind/kommen Sie?

A International words

international words	internationale Wörter

A1

bus	Bus
car	Auto
taxi	Taxi
T-shirt	T-Shirt
pullover	Pullover
jeans *pl.*	Jeans
pizza	Pizza
sandwich	Sandwich
salad	Salat
bar	Bar
club	Klub
museum	Museum

A2

free time	Freizeit
theatre	Theater
transport *sing.*	*hier:* Verkehrsmittel
helicopter	Hubschrauber
clothes *pl.*	Kleidung
jacket	Jacke
food *sing.*	Essen, Speisen
toast *sing.*	Toast

A3

driver	Fahrer/in
bus driver	Busfahrer/in
car driver	Autofahrer/in
taxi driver	Taxifahrer/in
tomato	Tomate
tomato salad	Tomatensalat
tomato sandwich	Sandwich mit Tomaten
tomato pizza	Pizza mit Tomaten
sports	Sport-
sports club	Sportverein
sports car	Sportwagen
blue	blau
blue jeans *pl.*	Bluejeans
modern	modern

B Hello, I'm Susan

hello, I'm Susan ▲	guten Tag/hallo, ich bin/heiße Susan

B1

hi, Susan, I'm Tony	Tag/hallo, Susan, ich bin/heiße Tony
hi	Tag!/hallo!
I'm (I am)	ich bin/heiße
good evening	guten Abend!
I'm your English teacher	ich bin Ihr/e Englischlehrer/in
your	Ihr/e
teacher	Lehrer/in
my name's Anna Bart ▲	mein Name ist / ich heiße Anna Bart
what's your name, please?	wie ist Ihr Name / wie heißen Sie, bitte?
this is Gabi	das ist Gabi

▲ **Selbstvorstellung:**
informell: **I'm** Susan.
formell: **My name's** Anna B

B5

good morning, Ms Anderson!	guten Morgen, Frau Anderson!
Ms Anderson	Frau Anderson *(formelle Anrede)*
Mr Cappello	Herr Capello *(formelle Anrede)*

Joe Cappello from Eurotec	Joe Capello von (der Firma) Eurotec
from	von
nice to meet you	freut mich, Sie kennen zu lernen
nice to meet you, too	freut mich auch
too	auch

→ S. 52

C Where are you from?

where are you from?	woher sind/kommen Sie?, woher bist/kommst du?

C1

France	Frankreich
Spain	Spanien
Germany	Deutschland
Switzerland ▲	die Schweiz ▲
Austria	Österreich

C2

I'm from Italy ▲	ich bin/komme aus Italien
but I live in Luxembourg ▲	aber ich lebe/wohne in Luxemburg
what's your name again?	wie ist nochmal Ihr Name?

▲ **Verben + Präpositionen:**
be **from** Italy
live **in** Luxembourg/Berlin

→ S. 60

C3

country	Land
the USA ▲	die USA, die Vereinigten Staaten (von Amerika) ▲
the	der/die/das
Belgium	Belgien
Greece	Griechenland
Scotland	Schottland

---

nationality	Nationalität
French	französisch, Franzose/Französin
German	deutsch, Deutsche/r
Spanish	spanisch, Spanier/in
American	amerikanisch, Amerikaner/in
Belgian	belgisch, Belgier/in
Swiss	schweizerisch, Schweizer/in
Austrian	österreichisch, Österreicher/in

Italian	italienisch, Italiener/in
Greek	griechisch, Grieche/Griechin
Scottish	schottisch, Schotte /Schottin

→ S. 56–57

C4

what nationality are you?	welche Nationalität hast du / haben Sie?
what ...?	welche/r/s ...?
I'm Swiss	ich bin Schweizer/in
my class	meine Klasse / mein Kurs
what's „Russisch" in English?	was ist/heißt „Russisch" auf Englisch?
what ...?	was ...?
English	Englisch, die englische Sprache

C5

Poland	Polen
Ireland	Irland
Turkey ▲	die Türkei ▲
Russia	Russland

▲ **Ländernamen mit/ohne „the":**
from Switzerland
aus **der** Schweiz
from Turkey
aus **der** Türkei
from **the** USA
aus **den** USA

C6

music	Musik

D Hello and goodbye

hello and goodbye	„hallo!" und „auf Wiedersehen!"

D1

yes	ja
no	nein
bye	tschüss!, tschau!

D2

I say "yes" and you say "no"	ich sage „ja"und du sagst „nein"

D4

bye-bye	tschüss!, tschau!
see you!	bis dann/bald!
see you next week!	bis nächste Woche!

→ S. 53

E Languages in Europe

languages in Europe	Sprachen in Europa

E1

Slovenia	Slowenien
I'm from Turkey	ich bin/komme aus der Türkei
I live in Berlin	ich lebe/wohne in Berlin

language	Sprache	
I speak Turkish and German	ich spreche Türkisch und Deutsch	
Turkish	Türkisch, die türkische Sprache	
German	Deutsch, die deutsche Sprache	
I speak a little English	ich spreche ein wenig Englisch	
French	*hier:* Französisch, die französische Sprache	
Swiss German	*hier:* Schweizerdeutsch	
Slovenian	*hier:* Slowenisch, die slowenische Sprache	→ **S. 56–57**
Italian	*hier:* Italienisch, die italienische Sprache	

Lerntipp

Sortieren und notieren Sie Wörter aus einem „Wortfeld" (hier: Sprachen/Nationalitäten) einmal nach ihren Endungen bzw. Reimen. So können Sie sich diesen Wortschatz auch über den „Klang", die Aussprache merken:

-ish	-an	-ian
Turk**ish**	Germ**an**	Sloven**ian**
Engl**ish**	Americ**an**	Ital**ian**
...	...	...
...	...	...

Suchen Sie zu den Ländern aus C1-5 die Sprachen. Schreiben Sie eine Tabelle wie oben (evtl. auf eine Karteikarte). Die Alphabetische Wortliste in Ihrem **Reference**-Heft hilft Ihnen dabei:
Das Wort für die Sprache steht dort vor oder nach dem Land.

E2

where you are from	woher Sie sind/kommen
where you live	wo Sie leben
the languages you speak	die Sprachen, die Sie sprechen

E3

in my English class	in meinem Englischkurs
learners speak two languages	Kursteilnehmer/innen sprechen zwei Sprachen
three	drei → S. 55
four	vier

F Classroom English

classroom English	Englisch für den Unterricht im Kurs

F1

read	lesen
look at ▲	(sich) ansehen ▲
write	schreiben
listen to ▲	(an)hören, zuhören ▲

▲ **Verben + Präpositionen:**
look at page 6 — **sehen** Sie sich Seite 6 **an**
listen to the CD — **hören** Sie die CD **(an)**

ask	fragen
tick	markieren, abhaken (✓)
complete	vervollständigen, ergänzen
match	zuordnen
number	nummerieren
count	zählen
work in pairs	arbeiten Sie zu zweit
in groups of three	in Dreiergruppen, zu dritt

F2

read your English book	*hier:* lesen Sie in Ihrem Englischbuch
write the words	schreiben Sie die Wörter
listen to the CD	hören Sie die CD (an)
ask your teacher	fragen Sie Ihren Lehrer / Ihre Lehrerin
say "hello"	sagen Sie „guten Tag!" / grüßen Sie

complete the dialogue	vervollständigen Sie den Dialog	
match the words with the pictures	ordnen Sie die Wörter den Bildern zu	
picture	Bild, Abbildung, Foto	→ S. 51
number the sentences	nummerieren Sie die Sätze	
look at page six	sehen Sie sich Seite sechs an	

F3

say "hi" to your partner	begrüßen Sie Ihre/n Partner/in
page ten	Seite zehn
count the syllables in the word ...	zählen Sie die Silben des Worts ...

F5

look at the map	sehen Sie sich die Karte an

H Homestudy

H1

coffee	Kaffee
tea	Tee
hot chocolate	heiße Schokolade, Kakao
beer	Bier
café	Café
school	Schule
banana	Banane
orange	Orange, Apfelsine
kiwi	Kiwi
fish	Fisch
blazer	Blazer
ring	Ring

H3

my friend Ben	mein Freund Ben
friend	Freund/in

H6

English	englisch(e Nationalität)
Russian	russisch(e Nationalität)

H7

you can eat good chocolates	man kann gute Pralinen essen	
a chocolate	eine Praline	
the Eiffel Tower	der Eiffelturm	
dance	*hier:* Tanz	
Great Britain	Großbritannien	
England	England	
Wales	Wales	
the UK (United Kingdom)	das Vereinigte Königreich	
Northern Ireland	Nordirland	→ S. 57

H10

father	Vater	
mother	Mutter	
brother	Bruder	
Norway	Norwegen	→ S. 56–57
favovrite film	Lieblingsfilm	
diary	Tagebuch	

H13

good night	gute Nacht!

Unit 2: People in my life

people in my life	Menschen, die in meinem Leben eine Rolle spielen
how are you?	wie geht's?
what's your telephone number?	wie ist deine/Ihre Telefonnummer?

A How are you?

A1

how are you today?	wie geht's heute so?	
I'm fine, thanks	mir geht's gut, danke	
and you?	*hier:* und dir?	
very well, thank you	sehr gut, danke	→ S. 53

Lerntipp

- Legen Sie sich eine Wortschatz-Lernkartei an. Allgemeine Tipps dazu finden Sie im Internet unter www.hueber.de/next (code: xs06). Sie können ein einzelnes englisches Wort oder einen Ausdruck auf die Vorderseite einer Karteikarte schreiben, aber auch eine ganze „Lernportion" aus diesem **Companion**.
  Beispiel: das „Mini-Gespräch" aus A1 oben. Die deutsche Spalte rechts schreiben Sie auf die Rückseite der Karte.

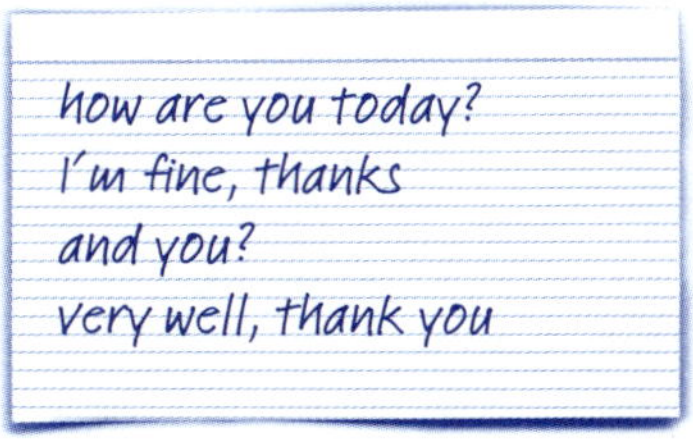

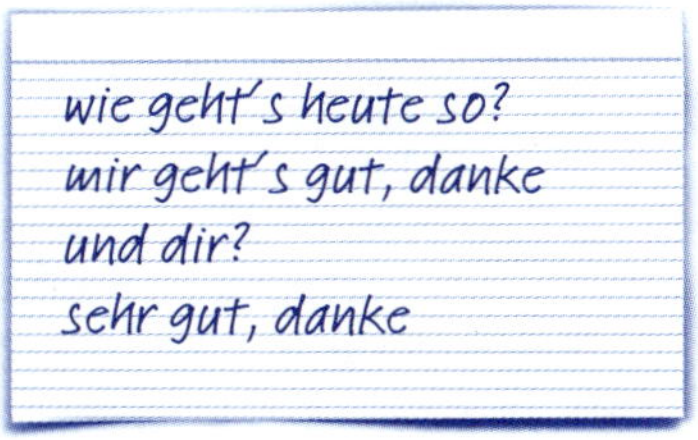

- Dasselbe können Sie auch mit farbigen Haftnotiz-Zetteln machen. Kleben Sie diese überall in Ihrem Zimmer gut sichtbar an. Bearbeiten Sie sie häufig „im Vorbeigehen".

are you Katrin? bist du / sind Sie Katrin?
no, I'm not nein (, bin ich nicht)
ah, yes! ach ja!
that's right genau!, stimmt!
OK ganz gut → S. 53

---

not too bad nicht schlecht, es geht so
I'm from here ich bin von hier

B My family

my family meine Familie

B1

mother Mutter
father Vater
wife, *pl.* **wives** ▲ (Ehe-)Frau, (Ehe-)Frauen
husband (Ehe-)Mann
daughter Tochter
son Sohn

grandmother	Großmutter	
grandfather	Großvater	

girl	Mädchen	
boy	Junge	
sister	Schwester	→ S. 58
brother	Bruder	

Lerntipp

Zeichnen Sie Ihre eigene Familie auf ein großes Blatt Papier und schreiben Sie zu jeder Person die passende Information, z. B.: „my mother Anna". Vergessen Sie sich selbst nicht: „me". Sie können auch ein Familienfoto verwenden und es fotokopieren/vergrößern. Schreiben Sie die passende englische Überschrift auf Ihr Poster und hängen Sie es zu Hause oder im Kursraum auf.
Stellen Sie einem Partner Ihre Familienmitglieder vor:
„This is my mother. Her name's Anna. …"

B4

→ S. 58

he has two children	er hat zwei Kinder
child, *pl.* children ▲	Kind, Kinder
his daughter / his son	seine Tochter / sein Sohn
his	sein/seine

▲ **Unregelmäßige Plural-Formen:**
wife – wives
child – child**ren**
countr**y** – countr**ies**

work in London	in London arbeiten	
her name is Myriam	sie heißt Myriam	
her	ihr/ihre	
she's a teacher	sie ist Lehrerin	
every Sunday	jeden Sonntag	
she phones her mother	sie ruft ihre Mutter an	→ S. 58

C The chat group

chat group	Chatgruppe *(im Internet)*

C1

we're ten language students	wir sind zehn Sprachkursteilnehmer/innen
we're (we are)	wir sind
student	Kursteilnehmer/in

at an evening school ▲	in einer Abendschule/ Volkshochschule
they're very nice	sie sind sehr nett
they're (they are)	sie sind
their names are Sarah and Suzanne	sie heißen Sarah und Suzanne
their	ihr/e
our school is very good	unsere Schule ist sehr gut
a small town ▲	eine kleine Stadt

> ▲ **„a" oder „an"?**
> **a** small town
> (**a** vor Konsonant wie z. B. **s**)
> **an** evening school
> (**an** vor Vokal wie z. B. **e**)

not all	nicht alle
many different countries	viele verschiedene Länder
the Czech Republic ▲	die Tschechische Republik, Tschechien
we're all friends	wir sind alle Freunde/befreundet
we love English	wir mögen Englisch sehr
write soon about ...	schreibt / schreiben Sie bald über ...

C3

the Ukraine ▲	die Ukraine
film star	Filmstar

> ▲ **Ländernamen mit „the":**
> **the** Czech Republic
> **the** Ukraine

C4

they're friends	sie sind Freundinnen/Freunde
boxer	Boxer/in
a rock band	eine Rockgruppe
famous	berühmt
parents	Eltern
give concerts	Konzerte geben
Welsh names	walisische Namen
Welsh	walisisch, aus Wales

→ **S. 57**

C5

profile of a pair	Profil / Charakteristik eines Paares
a pair	ein Paar *(zwei Menschen)*
are they ...?	sind sie ...?
no, they're not ▲	nein ▲
yes, they are ▲	ja ▲

> ▲ **Kurzantworten mit „yes/no":**
> Are they film stars? **Yes, they are.** Ja (, sicher).
> **No, they aren't.** Nein (, sicher nicht).
> Die Kurzantworten verstärken im Vergleich zum (ebenfalls möglichen) knappen **yes/no** die Bejahung bzw. Verneinung.

D Phone calls and numbers

phone call	Anruf, Telefonat
number	Nummer

D3

double eight	zweimal die Acht	
oh	null	→ S. 55

Lerntipp

- Lernen und wiederholen Sie die englischen Zahlen, „one, two, three," ... jedesmal, wenn Sie Ihr Student's Book aufschlagen: Auf jeder Seite steht unten links bzw. rechts die Seitenzahl und das englische Zahlwort daneben: immer leise oder laut lesen und einprägen!
- Üben Sie mit einem Partner / einer Partnerin: „Look at page ..., please. What's on page ...?"

D4

sorry, ...	tut mir Leid, ...
Ms Jones isn't in the office	Ms Jones ist nicht im Büro
can I help you?	kann ich Ihnen helfen?
could you please give me her mobile number?	können Sie mir bitte ihre Handynummer geben?
mobile number ▲	Handynummer ▲

▲ **mobile phone** ↔ **Handy:**
engl. **mobile phone** = deutsch **Handy**
engl. **handy** = deutsch **praktisch, handlich**

D6

tel no (telephone number)	Telefonnummer

E Single dad

single dad	allein erziehender Vater	→ S. 58

E1

tennis	Tennis
single dad of the year	allein erziehender Vater des Jahres
single	allein stehend, *hier:* allein erziehend
in the morning	*hier:* am Vormittag, vormittags
in the afternoon	am Nachmittag, nachmittags
work in a hotel	in einem Hotel arbeiten
stay at home ▲	zu Hause bleiben ▲

look after the kids ▲	sich um die (eigenen) Kinder kümmern ▲
he lives with his children ▲	er wohnt zusammen mit seinen Kindern ▲
a big house	ein großes Haus
as a solo father	als allein stehender Vater
a lot of work	eine Menge / viel Arbeit
he is happy	er ist glücklich/zufrieden

▲ **Verben + Präpositionen:**
stay **at** home
zu Hause bleiben
look **after** sb
sich um jdn kümmern
live **with** sb
mit jdm zusammen wohnen

E5

what's the meaning of ...?	was heißt/bedeutet ...?

F A big family

a big family	eine große Familie

F2

meet Céline Dion	lernen Sie Céline Dion kennen!
singer	Sänger/in
thirteen brothers and sisters	dreizehn Geschwister
René is her manager	René ist ihr Manager
speak Arabic	Arabisch sprechen

---

have three homes	drei Häuser/Wohnungen besitzen
home	Haus, Wohnung
one in Florida	eins/eine in Florida

F3

fourteen	vierzehn

H Homestudy

H2

mum	Mama
mummy	Mami, Mutti
dad	Papa
daddy	Papi, Vati
grandpa	Opa

H3

grandma	Oma

H4

fish	Fisch

H5

we're on holiday	wir sind im Urlaub
on holiday	in den Ferien, im Urlaub
we can see the sea	wir können das Meer sehen
from our hotel	von unserem Hotel aus
especially the ice cream	besonders das Eis
ice cream	(Speise-)Eis
love, Jessica	alles Liebe / liebe Grüße, Jessica

H6

their son is a doctor	ihr Sohn ist Arzt

H10

play the guitar	Gitarre spielen
hobby	Hobby
golf	Golf

Unit 3: Free time activities

free time activities	Freizeitbeschäftigung(en)
what do you do?	was machst du? / was machen Sie?
listen to music	Musik hören
watch TV	fernsehen
TV (television)	*hier:* Fernsehen
read the newspaper ▲	Zeitung lesen ▲

A Free time activities

A2

after work ▲	nach der Arbeit ▲
I'm very tired	ich bin sehr müde
work in a bank	Bankangestellte(r) sein
Brazil	Brasilien

have a lot of free time	sehr viel Freizeit haben
read a book	ein Buch lesen
hip hop music	Hip-Hop-Musik
listen to the radio ▲	Radio hören ▲
play the guitar ▲	Gitarre spielen ▲
play computer games	Computerspiele spielen
play football	Fußball spielen
or	oder
watch videos	(sich) Videofilme ansehen

▲ **Ohne/Mit Artikel „the":**
after work ↔ nach **der** Arbeit
read **the** newspaper ↔ Zeitung lesen
listen to **the** radio ↔ Radio hören
play **the** guitar ↔ Gitarre spielen

Lerntipp

Ausdrücke mit demselben Verb kann man gut als „Wort-Igel" sammeln und sich einprägen, z. B. so:

- Sehen Sie sich die Wort-Igel an: das Verb *listen to* bzw. *read* steht im Zentrum. Es gibt weitere passende Wörter zu diesem Verb.

- Machen Sie jetzt selbst einen Wort-Igel zum Verb *play* mit Wörtern aus A2.
- Schreiben Sie jeden Wort-Igel auf eine Karteikarte. Stellen Sie die Karten ins erste Fach Ihrer Lernkartei. Erweitern Sie diese Wort-Igel laufend mit neuen Wortpartnern zu den Verben.

A4

sentence 1 is not true	Satz 1 ist nicht wahr

A5

I go to a club to dance ▲	ich gehe in einen Klub tanzen ▲
I just love to dance	ich tanze einfach sehr gerne
love to do sth	etw. sehr gerne tun

▲ **Zweimal „to":**
go **to** a club ↔ **in** einen Klub gehen
easy **to** learn ↔ leicht **zu** lernen

Cuba	Kuba	→ S. 26
hot sauce	*hier:* scharfe Soße	
just great	einfach super	
I like the loud music	ich mag die laute Musik	
like *vb*	mögen, gern haben	
the fast rhythm	der schnelle Rhythmus	
it's fun	es macht Spaß	
it's easy to learn ▲	es ist leicht zu lernen ▲	
I don't smoke	ich rauche nicht	
I don't drink	*hier:* ich trinke keinen Alkohol	
salsa keeps me fit	Salsa hält mich fit	
I'm a fan of ...	ein Fan/Anhänger von ... sein	
Latin American music	lateinamerikanische Musik	
come!	komm/kommen Sie!	

B Do you play tennis?

do you play tennis?	spielst du / spielen Sie Tennis?

B3

do you speak Spanish?	sprichst du / sprechen Sie Spanisch?
jazz	Jazz
sport	Sport

Lerntipp

Was mögen Sie, was tun Sie gar nicht? Sortieren Sie Aktivitäten aus 3A-3B nach Ihrer Neigung mit der folgenden Tabelle:

(+) I like ...	*(++) I love to ...*	*(–) I don't ...*
hip hop music *computer games* ...	*watch TV* *smoke* ...	*play football* *drink* ...

Achtung: In Spalte 1 passen Nomen (*nouns*), in Spalte 2 und 3 Verben (*verbs*) oder Ausdrücke, die mit Verben beginnen.

B4

do you have a mobile phone?	hast du / haben Sie ein Handy?
yes, I do	ja (, habe ich)
no, I don't	nein (, habe ich nicht)

C Numbers

numbers	Zahlen, Nummern

C1

TV, kids and homework	Fernsehen, Kinder und Hausaufgaben
no free time for children?	keine Freizeit für Kinder?
no	kein/e
for	für

---

the BBC news	die BBC-Nachricht(en)/-Meldung(en)
BBC (British Broadcasting Corporation)	die BBC (staatlicher britischer Radio- und Fernsehsender)
news *pl.*	Nachricht(en), Meldung(en)
Friday, 9 August	Freitag, der 9. August

---

in the UK (United Kingdom)	im Vereinigten Königreich
children spend fifteen hours a week on their hobbies	die Kinder verbringen fünfzehn Stunden pro Woche mit ihren Hobbies
fifteen hours a week	fünfzehn Stunden pro Woche
hobby, *pl.* hobbies	Hobby
between six and sixteen	zwischen sechs und sechzehn
popular activities	beliebte Beschäftigungen/ Aktivitäten
dancing	Tanzen

---

the problem is that ...	das Problem ist, dass ...
do their homework	ihre Hausaufgaben machen
play video games	Videospiele spielen
two to three hours a day	zwei bis drei Stunden pro/am Tag
to	*hier:* bis

C2b

eleven	elf	→ S. 55
twelve	zwölf	
fourteen	vierzehn	
twenty	zwanzig	

Lerntipp

So können Sie für sich oder mit Partnern die englischen Zahlen üben (alles geht mit Sprechen oder Schreiben):

1. Zählen Sie rückwärts: twenty-one, twenty, nineteen, ..., zero
2. Sagen/Schreiben Sie nur jede 2. oder 3. Zahl: two, four, six, ... oder three, six, nine, ...
3. Lassen Sie Zahlen aus, die durch 3, 4 oder 5 teilbar sind: one, two, xxx, four, five, xxx, seven usw.
4. Spielen Sie Würfelspiele mit 3 oder mehr Würfeln bzw. Darts mit 3 Pfeilen pro Spieler. Sagen Sie immer die gewürfelte bzw. geworfene Punktzahl laut und notieren Sie die Gesamtzahl.

C3

room number eight	Zimmer Nummer acht
in room four	in Zimmer vier
meeting	Besprechung, Treffen, Konferenz

D Free time activities around the world

around the world	auf der ganzen Welt

D1

England	England	
America	Amerika	
Argentina	Argentinien	
China	China	
Japan	Japan	→ S. 56–57
basketball	Basketball	
cricket	Kricket	
table tennis	Tischtennis	
karaoke	Karaoke	
tango	Tango	
chess	Schach	
backgammon	Backgammon	

D2

generation	Generation
unfit kids	Kinder, die nicht in Form sind
teenager	Teenager, Teen
young people	junge Leute
adult	Erwachsene/r

pub	Pub, Kneipe
go out	ausgehen
do sports	Sport treiben

he drives me home	er fährt mich nach Hause
from the station	vom Bahnhof aus
10 minutes away from home	10 Minuten von zu Hause entfernt
dangerous	gefährlich
spend less time on sports ▲	weniger Zeit auf Sport verwenden ▲
hockey	Hockey
netball	Korbball
because	weil
exam	Prüfung

night	Nacht
lots of teenagers	sehr viele Jugendliche
know	wissen
meet friends	sich mit Freunden treffen
spend the evenings on the street ▲	die Abende auf der Straße verbringen ▲
a new idea	eine neue Idee
football game	Fußballspiel
better	besser

spend hours ▲	Stunden verbringen ▲
some go to the pub	einige gehen in die Kneipe
every day	jeden Tag
spend a lot of money ▲	eine Menge Geld ausgeben ▲

▲ **Spend time on "spend"!**

schools **spend** less **time on** sports	die Schulen **verwenden** weniger **Zeit auf** Sport
spend the evenings on the street	die Abende auf der Straße **verbringen**
spend hours **with** friends	Stunden mit Freunden **verbringen**
spend a lot of **money**	sehr viel **Geld ausgeben**

also	auch
like to watch sports	sich gern Sport ansehen
like to do sth *vb* ▲	etw. gern tun ▲

> ▲ **Zweimal „like":**
> I **like** the loud music.
> Ich **mag** die laute Musik.
> They **like to watch** sports.
> Sie **sehen sich gern** Sport an.

E The salsa school

E1

„Pineapple Dance Club"	„Tanzclub Ananas"
Castle Street	Schlossstraße
street	Straße

E2

dance partner	Tanzpartner/in

F How do you relax?

how do you relax?	wie entspannst du dich / entspannen Sie sich?
relax	sich entspannen/erholen/ausruhen

F1

go to a fitness centre	ins Fitness-Studio gehen
go to the sauna	in die Sauna gehen
eat chocolates	Pralinen essen
have a hot bath ▲	ein heißes Bad nehmen
hot	*hier:* heiß
drink tea	Tee trinken

> ▲ **hot** = „heiß" oder „scharf"
> a **hot** bath = ein heißes Bad
> a **hot** sauce = eine scharfe Soße

H Homestudy

H3

drink wine	Wein trinken
beer	Bier
I like coffee	ich trinke gern Kaffee
I don't like hot chocolate	ich mag keine heiße Schokolade

H5

hamburger	Hamburger *(Schnellimbiss)*
parents *pl.*	Eltern

H8

evening	Abend
letter	Brief

Unit 4: Work and life

work and life	Arbeit und Leben
what do you do?	was machst / was machen Sie beruflich?
how do you spell your name?	wie schreibt man deinen/Ihren Namen?
spell	buchstabieren, schreiben

A Jobs

jobs	*hier:* Berufe, Berufstätigkeiten

A1

what's his job?	was macht er beruflich?
he's a clown ▲	er ist Clown ▲

▲ **„a/an" vor Berufsbezeichnungen:**

He's **a** clown.	Er ist Clown
She's **an** office worker.	Sie ist Büroangestellte.

Englisch: immer mit **a/an**!
Deutsch: immer ohne **ein/eine**!

A2

does Pierre like his job?	mag Pierre seine Arbeit / seinen Beruf?
no, he doesn't	nein (, er mag sie/ihn nicht)
work in a hospital	in einem Krankenhaus arbeiten
have a hobby,	ein Hobby haben
pl. **hobbies**	Hobbys *pl.*
an interesting job	eine interessante Arbeit / ein interessanter Beruf

A3

house	(Wohn-)Haus
housewife *BE* ▲	Hausfrau ▲
house husband *BE* ▲	Hausmann ▲
homemaker *AE* ▲	Hausfrau/Hausmann ▲

shop	Laden, Geschäft
shop assistant ▲	Verkäufer/in ▲
restaurant	Restaurant
waiter	Kellner
office worker ▲	Büroangestellte/r▲
kitchen	Küche
chef ▲	Koch/Köchin▲
computer programmer	Programmierer/in

▲ **Berufsbezeichnungen Männer / Frauen:**
Englisch: praktisch immer nur eine Form für beide Geschlechter
She's/He's a homemaker/shop assistant/chef.
Deutsch immer, Englisch sehr selten: zwei Formen
She's a housewife. **He's** a house husband.
She's a waitress. **He's** a waiter.

Lerntipp

Wie Wörter zusammengehören, können Sie sich mit einem „Wortnetz" oder „mind map" klar machen. Beispiel zum Wortfeld „Beruf, Arbeit":

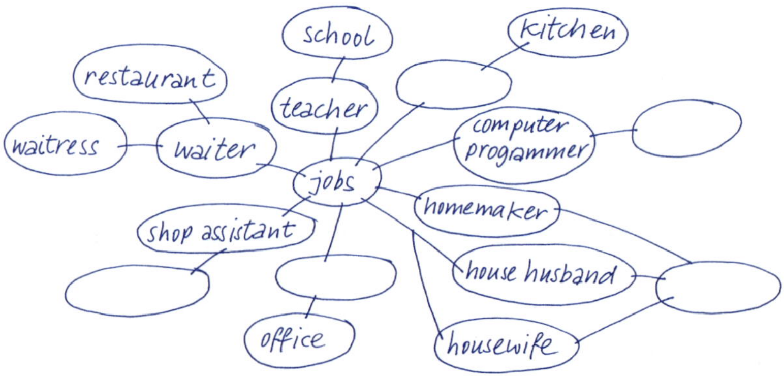

Finden Sie die fehlenden Wörter in A1–A4?
Lassen Sie ihre Augen durch das Bild „wandern" und sprechen Sie leise mit.

A4

make phone calls	Telefongespräche führen
answer emails and letters	E-Mails und Briefe beantworten

teach English in a language school	Englisch unterrichten in einer Sprachenschule
work at home	zu Hause arbeiten
clean the house	das Haus putzen
wash the clothes	die Wäsche waschen

A5

what does she do?	was macht sie beruflich?
she doesn't like her boss	sie mag ihren Chef / ihre Chefin nicht

A6

listen to jazz	Jazz(musik) hören

A7

I'm between jobs	ich bin gerade ohne Stelle / arbeitslos

A8

who is it?	wer ist es/das?
it's Bill	es ist Bill

B An email address

an email address	eine E-Mail-Adresse
email	E-Mail

B2

how do you spell it?	wie schreibt/buchstabiert man das?
can you repeat that, please?	kannst du / können Sie das bitte nochmal sagen?

B4

dot (.)	Punkt *(gesprochen)*, . *(geschrieben)*
at (@)	at *(gesprochen)*, @ *(geschrieben)*
dash (-)	Bindestrich/Minus *(gesprochen)*, - *(geschrieben)*
underscore (_)	Unterstrich *(gesprochen)*, _ *(geschrieben)*

C Joan and her workplace

workplace	Arbeitsplatz

C1

what's this in English?	wie heißt das auf Englisch?
this	das, dies
desk	Schreibtisch
chair	Stuhl
table	Tisch
bookshelf	Bücherregal
cupboard	Schrank
lamp	Lampe
CD player	CD-Spieler
window	Fenster
flower	Blume
door	Tür

Lerntipp

Zeichnen Sie den Grundriss Ihres Wohnzimmers und malen Sie die Gegenstände aus C1 hinein. Schreiben Sie die englischen Wörter dazu.

Ergänzen Sie Ihre „Zimmereinrichtung" später immer wieder mit neuen Dingen und Wörtern.
Beschreiben Sie Ihr Zimmer einem Partner / einer Partnerin auf Englisch. Ihr/e Partner/in zeichnet den Plan.

C3

there's a CD player under the window	unter dem Fenster steht ein CD-Spieler
there's (there is)	es ist/steht

under	unter
next to the door	neben der Tür
next to	neben
there are computers on the desks	auf den Schreibtischen stehen Computer
on	auf
where's your bag?	wo ist deine/Ihre Tasche?
where's (where is) …?	wo ist …?

→ S. 60

C4

kitchen	Küche
my dream workplace	mein Traum-Arbeitsplatz
armchair	Sessel
television	*hier:* Fernseher
radio	Radio(gerät)
DVD player	DVD-Spieler
dishwasher	Geschirrspülmaschine

D Information about people

information about people	Informationen über Menschen
information *sing.*	Information/en

D1

company	Firma
sales manager	Verkaufsleiter
address	Adresse
fax number	Faxnummer

Lerntipp

Versuchen Sie zum Spaß öfter mal, kleine Gruppen von 3–5 Wörtern aus einem Wortfeld in einen sinnvollen Satz einzubauen. Beispiel zu 4D1:

„What's the **address** and the **fax number** of the **sales manager** of your **company**?"

Versuchen Sie's doch einmal mit den Wörtern aus 4E1 oder 4E3 unten!

D3

job application form	Stellenbewerbungsformular

E A boat or a house?

a boat or a house?	ein Boot/Schiff oder ein Haus?

E1

bedroom	Schlafzimmer
living room	Wohnzimmer
magazine	Zeitschrift, Magazin
cat	Katze

E3

journalist	Journalist/in
she likes French films	sie mag französische Filme
French red wine	französischer Rotwein
houseboat	Hausboot

H Homestudy

H3

farm	Bauernhof
farmer	Landwirt/in, Bauer/Bäuerin
sing	singen
singer	Sänger/in

---

dancer	Tänzer/in
footballer	Fußballer/in
drive	(Auto) fahren/lenken
driver	Fahrer/in
player	Spieler/in
worker	Arbeiter/in

H4

office work	Büroarbeit
single parent	allein Erziehende/r, Elternteil
dog walker	Hundeausführer/in
go to the park	in den Park gehen
because it keeps her fit	weil es sie fit hält
her	*hier:* sie
pet shop	Tierhandlung, Zoogeschäft

she leaves her visiting card	sie lässt ihre Visitenkarte dort
website	Website, Internetseite

H11

where are the keys?	wo sind die Schlüssel?
next to the telephone	neben dem Telefon
where it always is	wo es immer ist
rucksack	Rucksack

H12

TV (television)	*hier:* Fernseher
sofa	Sofa

Unit 5: This is my life

this is my life	das ist mein Leben
what month do you like?	welchen Monat hast du / haben Sie gern?
when's your birthday?	wann hast du / haben Sie Geburtstag?

A Christmas is in December

Christmas is in December	Weihnachten ist im Dezember

A1

festival	Fest, Festtag	
Christmas Day	Weihnachtstag *(1. Weihnachtsfeiertag, 25. Dezember)*	
Valentine's Day	Valentinstag *(14. Februar)*	
Halloween	Halloween *(31. Oktober)*	
St Patrick's Day	Sankt-Patricks-Tag *(irischer Nationalfeiertag, 17. März)*	
month	Monat	→ S. 59

A4

I like / I don't like	ich mag / ich mag nicht
she likes / she does'nt like	sie mag / sie mag nicht

A6

snow	Schnee
ice	Eis
spring	Frühling
flowers	Blumen
sun	Sonne
shine	scheinen
wind	Wind
strong	stark
night	Nacht
long	lang

A7

cold days	kalte Tage
Christmas card	Weihnachtskarte
present	Geschenk

Lerntipp

Wir lernen Wörter und Ausdrücke mit unseren fünf Sinnen. Deshalb speichern wir sie auch als Klänge, Bilder, Gerüche, Geschmack und Körpergefühl im Gedächtnis. Schreiben Sie die Wörter/Ausdrücke von 5A1–2 nach Ihrem Gefühl in die Tabelle. Ein Wort kann auch in mehrere Spalten passen!

 *Hören*	 *Sehen*	 *Riechen*	 *Schmecken*	 *Fühlen*

B What's your address?

what's your address?	wie ist deine/Ihre Adresse?

B1

twenty-one ▲	einundzwanzig ▲	→ S. 55
thirty-nine	neununddreißig	
forty-five	fünfundvierzig	
fifty-two	zweiundfünfzig	
sixty-seven	siebenundsechzig	
ninety-nine	neunundneunzig	

▲ **Zahlen ab 21:**

twenty-one	Englisch:	Zehner-Einer (mit Bindestrich)
einundzwanzig	Deutsch:	Einer„und"Zehner (in einem Wort)

B5

bookshop	Buchhandlung
business English dictionary	Wörterbuch der englischen Geschäftssprache
order form	Bestellformular

B6

can you say that again?	kannst du / können Sie das nochmal sagen?

C When were you born?

when were you born?	wann bist du / sind Sie geboren?

C2

year	Jahr
when was Renée born? ▲	wann ist Renée geboren? ▲
she was born in 1969 ▲	sie ist 1969 geboren ▲
in 1969 ▲	(im Jahr) 1969 ▲

▲ **Geburtsjahr:**
When **was** Renée **born**? – **In** 1981. (Immer **in** + Jahreszahl!)
Wann **ist** Renée **geboren**? – (Im Jahre) 1981.

---

place	Ort
where was she born?	wo ist sie geboren?
in Texas	in Texas

C3

sorry, I don't know	tut mir Leid, das weiß ich nicht
know	wissen

C4

I was born in Leipzig	ich bin in Leipzig geboren
we were born in Mannheim	wir sind in Mannheim geboren

D My life

D1

study	lernen, studieren
travel	reisen
meet sb	jdn kennen lernen
marry	heiraten
start	anfangen, beginnen
finish	beenden, abschließen

D2

fitness centre	Fitnessstudio
singer	Sänger/in
politician	Politiker/in
businesswoman	Geschäftsfrau
multinational *n*	internationales Unternehmen, „Multi"

---

open a shop	einen Laden eröffnen
cosmetic shop	Kosmetikladen
produce natural cosmetic products	natürliche Kosmetikprodukte herstellen
garage	*hier:* Autogarage

---

finish university	die Universität / das Studium abschließen
then she worked in ...	danach arbeitete sie in ...
several countries	mehrere Länder
a kibbutz in Israel	ein Kibbutz in Israel
travel to Canada	nach Kanada reisen
South Africa	Republik Südafrika
Madagascar	Madagaskar
she met Gordon	sie lernte Gordon kennen
she married him	sie heiratete ihn

Lerntipp

Wörter und Ausdrücke aus einem Text, die einen Zeitablauf ausdrücken, können Sie auf eine „Zeitleiste" schreiben. Beispiel aus dem Text 5D9:

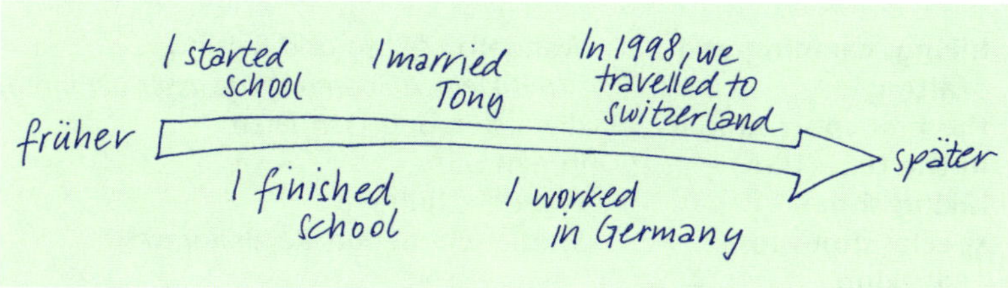

Schreiben Sie doch mal eine Zeitleiste zum Text D2b!

E Manager of the year

manager of the year	Manager/in des Jahres

E1

personal details	Personalien, persönliche Angaben
place of birth	Geburtsort
year of birth	Geburtsjahr
export department	Exportabteilung
manager of The Body Shop	Leiter/in des „Body Shop"

E3

yes, that's true	ja, das stimmt
no, that's not true	nein, das stimmt nicht

F An American manager

an American manager	ein amerikanischer Manager

F2

his mother is Jewish	seine Mutter ist Jüdin
Jewish *adj*	jüdisch, *hier:* Jude/Jüdin
he travelled to Israel	er reiste nach Israel
to *prep*	nach
many times	viele Male, sehr oft

high school *AE*	höhere Sekundarschule (in den USA)
in the summer months	in den Sommermonaten
for three years	drei Jahre lang
work as a boatman	als Bootsführer arbeiten
engineer	Ingenieur/in, Techniker/in

hiking, camping and rafting	Wandern, Zelten und Rafting *(mit kleinen Booten Wildwasser befahren)*
the first sport sandals	die ersten Sportsandalen
in the U.S. (USA)	in den USA
hiking shoes	Wanderschuhe
special shoes for kayaking	Spezialschuhe fürs Kajakfahren
water sports	Wassersport

business	*hier:* Unternehmen, Firma
sell running shoes	Laufschuhe verkaufen
2.5 million pairs of shoes ▲	2,5 Millionen Paar Schuhe ▲
a rich man	ein reicher Mann

▲ **Singular ↔ Plural:**

2.5 **million** ↔ 2,5 **Millionen**
two **pairs of** shoes ↔ zwei **Paar** Schuhe

H Homestudy

H1

leap year	Schaltjahr

H2

Mother's Day	Muttertag
Easter	Ostern
New Year's Day	Neujahr(stag)

H3

across	waagrecht *(im Kreuzworträtsel)*
down	senkrecht *(im Kreuzworträtsel)*
a hot month	ein heißer Monat
a grey month	ein grauer (wolkenreicher) Monat

H8

when I was five	als ich fünf war
when	als
three years later	drei Jahre später
back in Cyprus	zurück in Zypern

H9

Portugal	Portugal
Lisbon	Lissabon
by plane	mit dem Flugzeug
visit many places	viele Orte besichtigen
stay in small hotels	in kleinen Hotels wohnen
friendly people	freundliche Leute
a lovely holiday	ein wunderbarer Urlaub
weather	Wetter

H10

winter	Winter

H14

start school	in die Schule kommen
finish school	die Schule verlassen/abschließen

Unit 6: Long weekends and holidays

long weekends and holidays	lange Wochenenden und Urlaub/Ferien
what kind of holiday do you like?	welche Art Urlaub/Ferien magst du / mögen Sie?
an active, a relaxing or an adventure holiday?	einen Aktivurlaub, einen Erholungsurlaub oder einen Abenteuerurlaub?
relaxing	erholsam, entspannend

A The right kind of holiday

the right kind of holiday	die richtige Art (von) Urlaub
kind of …	Art von …

A1

learn golf in Ireland	lernen Sie Golf in Irland
contact Geoffrey Eldridge	wenden Sie sich an Geoffrey Eldridge
fax (fax number)	Fax(-Nummer)

camel safari in the Sahara	Kamel-Safari in der Sahara
see the spectacular sand dunes	sehen/erleben Sie die eindrucksvollen Sanddünen
spectacular scenery	eindrucksvolle Landschaft
sleep in Bedouin camps	schlafen/übernachten Sie in Beduinen-Zeltlagern

family cruise	Familien-Kreuzfahrt
relaxing and informal	erholsam und ungezwungen
informal	ungezwungen, locker

are you stressed?	sind Sie gestresst?
are you overworked?	sind Sie überarbeitet?
relax in our wellness clinic	erholen Sie sich in unserer Wellness-Klinik
wellness	Gesundheit, Wellness
special offer	Sonderangebot
call us for more information	rufen Sie uns wegen weiterer Informationen an
us	uns
more	mehr, weitere/r/s
information *sing.*	Information/en

Australia	Australien
camping in the bush	Zelten/Camping im Busch
bush	*hier:* der Busch, Buschland
come to the land of the Aborigines	kommen Sie ins Land der Aborigines
Aborigine	Aborigine *(Ureinwohner Australiens)*
the Northern Territory	das Nordterritorium (*großes Gebiet im Norden und in der Mitte Australiens*)
PO Box (post office box)	Postfach

coach tour to Venice	Busreise nach Venedig
visit the churches and the palaces	besichtigen Sie die Kirchen und Paläste
palace	Palast, Schloss
take the Grand Canal boat tour	machen Sie eine Bootsfahrt auf dem Canale Grande

Lerntipp

In allen Sprachen gibt es internationale Wörter, die sich in der Schreibung ähneln, oft auch in der Bedeutung, manchmal sogar in der Aussprache. Am sichersten erkennbar sind sie aber am Schriftbild.
Beispiele von der vorhergehenden Seite:

Englisch	*Deutsch*	*Aussprache ähnlich / anders*
active	*aktiv*	*anders*
golf	*Golf*	*ähnlich*
contact	*kontaktieren*	*ähnlich*
scenery	*Szenerie*	*anders*
special	*Spezial-*	*anders*
...	...	...

Ergänzen Sie die Tabelle!
Während die anderen Beispiele gleiche oder ähnliche Bedeutung haben, ist das Wortpaar *scenery/Szenerie* hier ein „falscher Freund“: *Szenerie* hat in den meisten Fällen nicht die Bedeutung „Landschaft“ wie das englische *scenery* in Text 3.
Nutzen Sie die internationalen Wörter als Brücke zum Englischen. Aber achten Sie auch immer auf unterschiedliche Bedeutung und Aussprache! Lesen Sie dazu auch den Lerntipp auf S. 48.

A2

Kate had a relaxing holiday	Kate hat einen Erholungsurlaub gemacht
have a holiday	Urlaub machen

A3

postcard	Postkarte

A4

zebra	Zebra

A5

personality quiz	Persönlichkeitsquiz
do you like yoga?	mögen Sie Yoga?
read travel guidebooks	Reiseführer lesen
rucksack	Rucksack

listen to classical music	klassische Musik hören
go kitesurfing	Kitesurfen/Drachensurfen gehen
like adventure films	Abenteuerfilme mögen
your partner	ihr/e Partner/in
score	Ergebnis, Punktzahl
mostly a)	hauptsächlich/meistens (Antwort) a)
just right for you	genau das Richtige für Sie
just	*hier:* genau

B An adventure holiday

B1

it was minus 20 degrees	es hatte minus 20 Grad
we went to the sauna	wir gingen in die Sauna
we went ice fishing	wir gingen zum Eisfischen
snowshoe trekking	Schneeschuhwanderung/-trekking
we visited an ice art exhibition	wir besuchten eine Eiskunst-Ausstellung

B2

here I am!	da bin ich also!
ice hotel	Eishotel
we left Germany	*hier:* wir sind von Deutschland abgereist
leave	*hier:* abreisen von
this morning	heute Morgen/Vormittag
we flew to Kiruna Airport	wir sind zum Flughafen (von) Kiruna geflogen
fly	fliegen
Kiruna airport ▲	Flughafen (von) Kiruna ▲

▲ **Namen von Flughäfen/Hotels:**
Kiruna Airport ↔ **Flughafen** (von) **Kiruna**
the **Ritz Hotel** ↔ das **Hotel Ritz**

then we drove to the hotel	dann sind wir zum/ins Hotel gefahren
drive	mit dem Auto fahren
about 12 km from the airport	etwa 12 km vom Flughafen entfernt
about	etwa, ungefähr
from	von ... entfernt
I was so excited	ich war so aufgeregt
hotel manager	Hoteldirektor/in

he gave us warm sleeping bags	er hat uns warme Schlafsäcke gegeben
give	geben
we had reindeer steak	wir haben Rentiersteak gegessen
have	*hier:* essen
we drank hot punch	wir haben heißen Punsch getrunken
drink	trinken
hot	*hier:* heiß
my first night in an igloo	meine erste Nacht in einem Iglu
first ▲	*hier:* der, die, das erste ▲

B3

ice church	Eiskirche, Kirche aus Eis
cinema	Kino
our last day	unser letzter Tag
last ▲	der/die/das letzte ▲

> ▲ **first – last:**
> **my first night ↔ our last day**
> **meine erste Nacht ↔ unser letzter Tag**

it's so fantastic!	es ist so fantastisch/toll!
the service is excellent	der Service ist hervorragend
ice theatre	Eistheater, Theater aus Eis
we had a really great time	wir haben uns wirklich super amüsiert
a great time	eine großartige Zeit
really	wirklich
we went snowshoe trekking	wir haben eine Schneeschuh-Wanderung gemacht
we went on a snowmobile safari	wir haben eine Motorschlitten-Safari gemacht
we saw the Northern Lights	wir haben das Polarlicht gesehen
see	sehen
we met lots of people	wir haben sehr viele Leute kennen gelernt
lots of ...	sehr viele ..., eine Menge ...
even South Africans	sogar Südafrikaner/innen
for them	für sie
them	*hier:* sie *(Plural)*

→ S. 56–57

B4

how was it?	wie war's?
we stayed at the ice hotel	wir haben im Eishotel übernachtet/gewohnt
stay	wohnen, übernachten
oh, really?	was, wirklich?
the food was awful	das Essen war furchtbar
just terrible	einfach schrecklich/furchtbar!
I hate reindeer steak	ich kann Rentiersteak nicht ausstehen!
hate	hassen, *hier:* nicht ausstehen können

Lerntipp

Unser Gedächtnis speichert sehr leicht Gegensätze, z. B. Wortpaare wie „hot"/„cold", aber noch besser ganze Ausdrücke mit solchen Gegensätzen. Lesen und ergänzen Sie die folgende Beispielsammlung aus B2–B4:

drink **hot** punch	drink **cold** wine
my **first** night	my ____________ day
have a **terrible** time	have a ____________ time
the food was **excellent**	the food was **awful**/ ____________
I **love** reindeer steak.	I ____________ reindeer steak.

B5

how was the weather?	wie war das Wetter?
vacation *AE*	Urlaub, Ferien

C A long weekend

C1

on Saturday morning	am Samstagmorgen/-vormittag
on	am
sandy beach	Sandstrand
in the afternoon	am Nachmittag, nachmittags
in the evening	am Abend, abends
she had breakfast at 10 o'clock	sie frühstückte um 10 Uhr
at 10 o'clock	um 10 Uhr

→ S. 59

C2

at the weekend *BE* / **on the weekend** *AE*	am Wochenende
I went to Cape Cod	ich fuhr nach Kap Cod
go	fahren
perfect weather	ideales Wetter
have dinner	zu Abend essen
what a night!	was für eine Nacht!
go to bed	ins Bett gehen, schlafen gehen
at about two in the morning	ungefähr um zwei Uhr morgens
sleep late	lange schlafen
on Monday night	am Montagabend
night	Nacht, *hier:* Abend → S. 59
drive back home	nach Hause zurückfahren
the highway was full of cars	die Autobahn war voll/dicht
highway *AE*	Autobahn
full of …	voll von/mit …

C3

the history of Labor Day	die Geschichte des Tags der Arbeit
Canada	Kanada
the first Monday in September	der erste Montag im September
over 100 years old	über 100 Jahre alt
only 10 days of vacation	nur 10 Tage Urlaub
so this long weekend is a mini-vacation	deshalb ist dieses lange Wochenende ein Kurzurlaub
this	diese/r/s
they leave the cities	sie verlassen die Großstädte
city	große, bedeutende Stadt
drive to the coast	an die Küste fahren
national park	Nationalpark
traffic jam	Verkehrsstau
this day marks the end of the summer	dieser Tag zeigt das Sommerende an

Lerntipp

Sammeln Sie auf Karteikarten vor allem solche englischen Ausdrücke, die Ihnen ganz „fremd" erscheinen. Der Grund dafür ist, dass die entsprechenden Ausdrücke im Deutschen anders aufgebaut sind. Beispiele aus C1–C3:

sandy beach – Sandstrand | what a night! – was für eine Nacht | sleep late – lange schlafen | traffic jam – Verkehrsstau

Suchen Sie weitere „fremde" Ausdrücke in dieser Unit. Hören und sprechen Sie diese englischen Ausdrücke immer wieder laut, lesen Sie danach leise die deutschen.

D The days of the week

the days of the week	die Wochentage	→ S. 59

D3

Monday plus two	Montag plus zwei (Tage)
Monday minus two	Montag minus zwei (Tage)

D4

she was happy	sie war glücklich
she drank wine	sie trank Wein
she danced the tango	sie tanzte Tango
stay at home	zu Hause bleiben
stay	*hier:* bleiben

E The Ritz Hotels

Ritz Hotel	Hotel Ritz

E2

Hungary	Ungarn
Paris	Paris
doorman in a hotel	Portier in einem Hotel
Lucerne	Luzern

what does the word "ritzy" mean?	was bedeutet das Wort „ritzy"?
ritzy	teuer und schick
expensive	teuer

golden	golden
dangerous	gefährlich

E3

when he was 17	als er 17 war
work as a waiter	als Kellner arbeiten
the one in Madrid	das (Hotel) in Madrid
nickname	Spitzname
the king of the hoteliers	König der Hoteliers
hotels with a private bathroom	Hotels, die private Badezimmer bieten
they are famous for their luxury	sie sind für ihren Luxus bekannt
Ritz died in 1918	Ritz starb 1918
die	sterben

F Festivals and holidays

festivals and holidays	Feste und Feiertage

F1

national holiday	staatlicher/gesetzlicher Feiertag
Thanksgiving (Day)	Thanksgiving, *etwa:* Erntedankfest *(USA, 4. Donnerstag im November)*
giving thanks	Danken, Danksagung
turkey	Truthahn
Santa Lucia	Santa Lucia *(Fest der schwedischen Lichterkönigin, 13. Dezember)*
festival of light	Lichterfest
candle	Kerze
St Patrick's Day	Sankt-Patricks-Tag *(Irland/USA, 17. März)*
parade	Umzug
shamrock	Kleeblatt
green	grün

F2

Swedish "festival of light"	schwedisches Lichterfest

winter	Winter
girls in white dresses	Mädchen in weißen Kleidern
with candles on their heads	mit Kerzen auf dem Kopf
spend the day together	den Tag zusammen verbringen

have parties	(Partys) feiern
popular colour	Lieblingsfarbe
the national plant of Ireland	die Nationalpflanze von Irland
a symbol of good luck	ein Glückssymbol
good luck	Glück

the traditional food	das Traditionsgericht, das traditionelle (Feiertags-)Gericht

Lerntipp

Hüten Sie sich beim Lernen vor „falschen Freunden". Das sind Wörter oder Ausdrücke, die im Englischen und Deutschen gleich oder ähnlich geschrieben bzw. auch gesprochen werden; sie haben jedoch in jeder Sprache unterschiedliche Bedeutungen. Beispiele aus F1–F2:

festival ≠ Festival = Fest
national holiday ≠ Nationalfeiertag = gesetzlicher Feiertag
turkey ≠ Türkei = Truthahn
parade ≠ (Militär-)Parade = Umzug.

Suchen Sie weitere „falsche Freunde" im Abschnitt F und in der ganzen Unit; vergleichen Sie dazu die englische und die deutsche Spalte.

F3

Sweden	Schweden

F4

New Year's Day	Neujahr(stag)
Martin Luther King Day	Martin-Luther-King-Tag *(3. Montag im Januar)*
Easter Monday	Ostermontag
May Day	Maifeiertag

F5

my favourite festival is carnival	mein Lieblingsfest ist Karneval

H Homestudy

H1

the different holiday	der ganz andere/besondere Urlaub
canoeing	Kanu fahren
for outdoor specialists	für Freiluft-Spezialisten
river	Fluss
a canoe trip	eine Kanu-Tour
travel by canoe	mit dem Kanu fahren
about 6 hours a day	etwa 6 Stunden am Tag
beginners are welcome	Anfänger/innen sind willkommen
we take you to all the main sites	wir bringen Sie zu allen wichtigen Orten
Ayers Rock	der rote Fels von Ayers
the Great Barrier Reef	das Große Barriereriff
we offer ...	wir bieten ...
a combination of ...	eine Kombination von ...
Aboriginal culture	Kultur der Aborigines
historic towns	historische Städte
taste the fine Hungarian food	kosten Sie das feine ungarische Essen
gypsy music	Zigeunermusik
golf club	Golfclub

H4

first we flew to Madrid	zuerst flogen wir nach Madrid
first	*hier:* zuerst
in the city centre	im Stadtzentrum
interesting places	interessante Orte
I am sad	ich bin traurig
the holiday is over	der Urlaub ist vorbei
I had an awful time	ich hatte es sehr schlecht
the sea was dirty	das Meer war dreckig
spaghetti	Spaghetti

H6

I made lunch	ich kochte das Mittagessen
we ate at six	wir aßen um sechs
help the children with their homework	den Kindern bei den Hausaufgaben helfen

Sheila got up late	Sheila stand spät auf
get up	aufstehen
I went to my yoga class	ich ging in meinen Yogakurs

H9

English lessons	Englischunterricht
lesson	(Unterrichts-)Stunde
drink a glass of wine	ein Glas Wein trinken
disco	Disko(thek)

H11

work late	lange / bis spät arbeiten
my Polish colleague	mein polnischer Kollege / meine polnische Kollegin
on business	geschäftlich (unterwegs)

Vocabulary by topic
Wortschatz in Themengruppen

Classroom language — *Englisch für den Unterricht*

In class — *Im Unterricht*

Look at page 10.	Schauen Sie Seite 10 an.
Match the questions and answers.	Ordnen Sie die Fragen den Antworten zu.
Work in pairs.	Arbeiten Sie zu zweit.
Work in groups of three.	Arbeiten Sie zu dritt.
Complete the sentence.	Ergänzen Sie den Satz.
Number the sentences.	Bringen Sie die Sätze in die richtige Reihenfolge. (Nummerieren Sie die Sätze.)
Tick the correct answer.	Kreuzen Sie die richtige Antwort an.
Count the number of syllables.	Zählen Sie die Silben.
Check the spelling.	Überprüfen Sie die Rechtschreibung.

Questions in class — *Fragen im Unterricht*

Is that right?	Ist das richtig?
What page is it?	Welche Seite ist es?
What does this word mean?	Was bedeutet dieses Wort?
How do you say "Stuhl" in English?	Was heißt „Stuhl" auf Englisch?
What is "chair" in German?	Was heißt „chair" auf Deutsch?
How do you spell "chair"?	Wie schreibt/buchstabiert man „chair"?
How do you write that?	Wie schreibt man das?
What is the homestudy this week?	Welche Hausaufgabe gibt es diese Woche?

When you have problems — *Wenn Sie Schwierigkeiten haben*

Can you say that again, please?	Können Sie das bitte wiederholen?
Can you write that, please?	Können Sie das bitte schreiben?
Can you repeat that, please?	Können Sie das bitte wiederholen?
I'm sorry, I don't understand.	Es tut mir leid, ich verstehe das nicht.

Hello and goodbye *Guten Tag und auf Wiedersehen*

First Meeting *Erstes Treffen*

- ■ Hi, I'm Jane.
- ● Hello, Jane. I'm Sue. And this is Emma.
- ■ Hi, Emma.

...

- ■ Hello, I'm Jerry Morton.
- ● Hi, Jerry. Nice to meet you. My name's Maria Garcia.
- ■ Nice to meet you, Maria.
- ● Nice to meet you, too, Jerry.

...

Exploring culture

Sowohl in formellen (z. B. im Beruf/Büro) wie in informellen Situationen (z. B. auf einer Party) werden im Englischen Vornamen benutzt. Dieser Sprachgebrauch bedeutet also keine enge Beziehung zwischen den Gesprächspartnern: Man kann formell bleiben, auch wenn man Vornamen benutzt.

Meeting again and saying goodbye
Wiedersehen und Verabschiedung

- ■ Hi, Sue. How are you?
- ● Fine, thanks, Jane. And you?
- ■ OK, thanks.

- ■ Hello, Jerry. How are you?
- ● Not too bad, thanks. Very busy. And you?
- ■ Oh, I'm fine, thanks.

- ● Nice to see you, Tom.
- ■ Nice to see you, too.
- ● See you!
- ■ Bye!

- ● Nice to see you, Maria.
- ■ Yes, see you next week?
- ● Yeah, that's right. Goodbye!

Good morning / Good afternoon / Good evening
Dies sind Ausdrücke zur Begrüßung; sie bestehen aus zwei Wörtern.

Good night
Wir sagen „Good night", wenn wir uns spät abends/nachts verabschieden.

Exploring culture

Als Antwort auf die Frage **„How are you?"** gibt es wie im Deutschen verschiedene Möglichkeiten von „gut" bis „schlecht":

Great! / Fine. / OK. / Not too bad. / Not too good.

Manchmal wollen Leute nicht deutlich sagen, dass es ihnen sehr gut oder sehr schlecht geht: Dann benutzt man im Englischen oft ein „understatement" wie „Not too bad/good."

Talking about yourself *Über sich selbst reden*

My story *Meine Lebensgeschichte*

I was born in Bremen in 1978. In 1985 I went to Frankfurt with my family. I went to school there. I now live in Cologne. I work in an office. I have a boyfriend and we live in a flat. I like holidays and sport. I don't like television.

Was können Sie über Ihr eigenes Leben sagen und schreiben? Üben Sie Ihre Geschichte.

Questions *Fragen*

Hier sind Fragen aus dem **Starter**-Kurs, die man einer Person stellen kann. Lernen Sie diese Fragen und notieren Sie Ihre eigenen Antworten dazu.

- Where were you born?
- Where did you go to school?
- Are you married?
- What do you do in your free time?
- When were you born?
- What do you do? / What's your job?
- Where do you live?
- What's your hobby?

■ When were you born, Harriet*?
● I was born in 1830, on the Galapagos Islands!

* Angeblich ist das älteste lebende Tier eine Riesenschildkröte namens Harriet.

Numbers *Zahlen*

0	zero, oh		
1	one	21	twenty-one
2	two	22	twenty-two
3	three	23	twenty-three
4	four	24	twenty-four
5	five	25	twenty-five
6	six	26	twenty-six
7	seven	27	twenty-seven
8	eight	28	twenty-eight
9	nine	29	twenty-nine
10	ten	30	**thir**ty
11	eleven	40	**for**ty
12	twelve	50	**fif**ty
13	**thir**teen	60	sixty
14	fourteen	70	seventy
15	**fif**teen	80	eighty
16	sixteen	90	ninety
17	seventeen	100	(one/a) hundred
18	eighteen	101	one hundred and one
19	nineteen	102	one hundred and two
20	**twen**ty		

Age *Alter*

My daughter is nine (years old).

Telephone numbers *Telefonnummern*

My number is oh one seven six, six eight five, three four two one. (0176 685 3421)
My mobile number is zero seven nine, one double seven, nine five two, double two four. (079 177 952 224)

Exploring culture

Beachten Sie, wie man auf Englisch die Zahlen gruppiert: Dreiergruppen, am Ende evtl. eine Vierergruppe.

Countries, nationalities, languages

Länder, Nationalitäten, Sprachen

Sie können diese Tabelle auch ergänzen.

Land	*Nationalität*	*Sprache*	*Übersetzung des Landesnamens*
Australia	Australian	(Australian) English	*Australien*
Austria	Austrian	German	*Österreich*
Belgium	Belgian	Flemish, French	*Belgien*
Canada	Canadian	(Canadian) English, French	*Kanada*
China	Chinese	Chinese	*China*
Czech Republic	Czech	Czech	*Tschechische Republik*
England	English	English	*England*
France	French	French	*Frankreich*
Germany	German	German	*Deutschland*
Great Britain / United Kingdom (UK)	British	(British) English	*Großbritannien / Vereinigtes Königreich*
Greece	Greek	Greek	*Griechenland*
Ireland	Irish	(Irish) English, Irish (Gaelic)	*Irland*
Italy	Italian	Italian	*Italien*
Netherlands / Holland	Dutch	Dutch	*Niederlande / Holland*
New Zealand	New Zealander	(New Zealand) English	*Neuseeland*
Poland	Polish	Polish	*Polen*
Portugal	Portuguese	Portuguese	*Portugal*
Russia	Russian	Russian	*Russland*
Slovenia	Slovenian	Slovenian	*Slowenien*
Spain	Spanish	Spanish	*Spanien*
Switzerland	Swiss	(Swiss) German, French, Italian	*Schweiz*

Turkey	Turkish	Turkish	*Türkei*
Ukraine	Ukrainian	Ukrainian	*Ukraine*
United States of America (USA)	American	(American) English	*Vereinigte Staaten*
______	______	______	______
______	______	______	______
______	______	______	______
______	______	______	______
______	______	______	______

Alle diese Wörter werden im Englischen großgeschrieben: Land, Nationalität und Sprache. Zum Beispiel: I have a **German** car.

Exploring culture

Das Vereinigte Königreich (Großbritannien) besteht aus den folgenden Teilen: England (English), Northern Ireland (Northern Irish), Scotland (Scottish), Wales (Welsh).

Exploring culture

Viele Länder haben zusätzlich mehrere offizielle Sprachen, die hier nicht aufgelistet werden: zum Beispiel Großbritannien (Welsh, Scottish Gaelic) oder Spanien (Basque, Catalan, Galician).

Einige englische Ländernamen brauchen wie im Deutschen den Artikel: **the Czech Republic, the Netherlands, the Ukraine, the United Kingdom, the United States.**

Aber Vorsicht! Es gibt hier auch Unterschiede zwischen Englisch und Deutsch:
Switzerland – die Schweiz,
Turkey – die Türkei.

Family *Familie*

Mike was my **husband**, but we're **divorced** now. Megan is our **daughter** and Simon is our **son**. Mike sees the **children** at the weekend. My **mother's** name is Katharine and my **father's** name is Colin. The children see their **grandmother** and **grandfather** in the holidays. I have a **brother** – his name is Alan. His **wife** is Jenny. My **sister** isn't **married**. Her name's Judy.

Wie im Deutschen gibt es im Englischen auch informelle Varianten. Hier eine Auswahl:

mother:	**mum/mummy (BE), mom/mommy (AE)**	**father:**	**dad/daddy**
grandmother:	**grandma, granny**	**grandfather:**	**grandpa**

Time *Zeit*

We met **at** five o'clock **on** Friday evening.
I was born **in** May 1985.

at …	**on …**	**in …**
at one o'clock	on Monday	in January
at two o'clock	on Tuesday	in February
at three o'clock	on Wednesday	in March
at four o'clock	on Thursday	in April
at five o'clock	on Friday	in May
at six o'clock	on Saturday	in June
at seven o'clock	on Sunday	in July
at eight o'clock		in August
at nine o'clock		in September
at ten o'clock		in October
at eleven o'clock		in November
at twelve o'clock		in December

This is my day!
(Thursday wird nach dem Gott „Thor" genannt)

Beachten Sie:

Tue**s**day = Dien**s**tag
Thu**r**sday = Donne**r**stag

at …	**on …**	**in …**
at the weekend (BE)	on the weekend (AE)	in the morning
at night	on the first day	in the afternoon
at the end of 2001	on Saturday morning	in the evening
		in 1998

Beachten Sie auch:

The class is **from** 6 o'clock **to** 8 o'clock.
I lived in Australia **for** three months, **from** January **to** March.

Place *Ort*

on in under next to between

It's **on** the table.

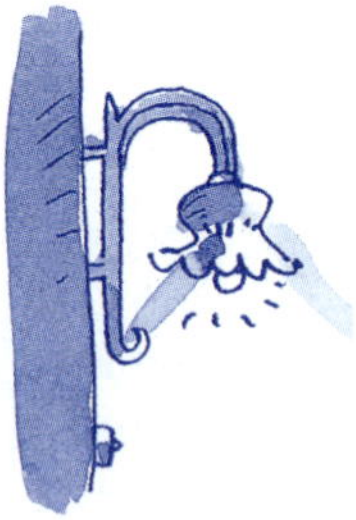

It's **on** the wall.

It's **in** the box.

It's **under** the table.

It's **next to** the door.

It's **between** the door and the window.

Where do you come from?

I come **from** Japan. I live **in** Frankfurt. Frankfurt is **in** Germany. I work **in** an office **at** the airport. I can see the planes **from** my window. Frankfurt Airport is near the city **of** Frankfurt. I came **to** Frankfurt **from** Tokyo.

Your link to the "European Language Portfolio"

Ihr Link zum „Europäischen Sprachenportfolio"

Was ist das Europäische Sprachenportfolio?

Es ist eine Art Ordner, in dem Sie beschreiben können:
- welche Sprachen Sie kennen
- was Sie in jeder dieser Sprachen genau können.

Zudem kann das Sprachenportfolio Ihnen dabei helfen, Ihr Fremdsprachenlernen zu planen und verbessern.

Was heisst „europäisch"?
Das Europäische am Sprachenportfolio:
- eine offizielle Anerkennung durch den Europarat in Straßburg,
- das europäische Stufensystem.

Was ist das europäische Stufensystem?
Es besteht aus sechs Stufen, die konkret beschreiben, was man auf der jeweiligen Stufe in der Fremdsprache kann. Diese Stufen heißen: A1, A2, B1, B2, C1, C2.

Lesen Sie eine kurze Beschreibung der ersten Stufe „A1", auf die Sie mit **NEXT Starter** hinarbeiten:
„Ich kann mich auf einfache Art verständigen, wenn mein/e Gesprächspartner/in bereit ist, etwas langsamer zu wiederholen oder anders zu sagen, und mir dabei hilft zu formulieren, was ich sagen möchte. Ich kann einfache Fragen stellen und beantworten, sofern es sich um unmittelbar notwendige Dinge und um mir sehr vertraute Themen handelt."
© Europarat, Straßburg, Frankreich

Noch genauere Beschreibungen gibt es in den Checklisten des Sprachenportfolios, zum Beispiel:

„Ich kann jemanden um etwas bitten, zum Beispiel beim Einkaufen sagen, dass ich ein Kilo Orangen möchte." *© Europarat, Straßburg, Frankreich*

Ähnliche Beschreibungen wie oben für das Sprechen gibt es auch für das Hörverstehen und das Leseverstehen sowie für das Schreiben.

Mit dem Sprachenportfolio kann jede/r – anfangs mit ein wenig Hilfe – sich selbst einschätzen und für sich selbst Ziele festlegen.
Mit Hilfe des Stufensystems können Sprachkenntnisse auch erstmals europaweit verglichen werden.

Was findet man sonst noch im Sprachenportfolio?
Jedes „Europäische Sprachenportfolio" hat drei Teile:

- eine Sprachenbiografie, mit deren Hilfe Sie sich überlegen können, was Sie bereits können und was und wie Sie weiter lernen wollen;
- einen Sprachenpass, der es Ihnen ermöglicht, alle Ihre Fremdsprachen und Sprachkenntnisse zu dokumentieren;
- ein Dossier, in dem Sie Ihre Sprachkenntnisse mit Dokumenten und Leistungsbeispielen nachweisen können.

Wo finde ich mehr Informationen zum Sprachenportfolio?
Auf der NEXT-Internetseite (**www.hueber.de/next**) finden Sie mehr Informationen über das Sprachenportfolio der deutschen Volkshochschulen und weiterführende Internet-Links.

Und in NEXT Starter?
Am Ende jeder Unit im **Student's Book** finden Sie auf der Seite **Exploring my progress** immer einen Abschnitt zur Selbsteinschätzung und unter **Exploring my learning** finden Sie hilfreiche Lerntipps.
Hier im **NEXT Starter Companion** ergänzen wir diese Lehrbuchseiten mit weiteren praktischen Hinweisen, damit Sie Ihr Englischlernen immer sicher im Griff haben.

Meine Lernerfahrungen

In Ihrem Leben haben Sie schon vieles erfolgreich gelernt. Im folgenden Fragebogen werden Sie über Ihre früheren Lernerfahrungen befragt – mit dem Ziel, auf erreichten Erfolgen aufzubauen und frühere Fehler nicht zu wiederholen.

Sprechen Sie mit den anderen Kursteilnehmern und Ihrer Kursleiterin / Ihrem Kursleiter über Ihre bisherigen Lernerfahrungen. So können Sie weitere Anregungen bekommen.

Der Fragebogen
Denken Sie nun jeweils an eine gute und eine schlechte Lernerfahrung. Diese Lernerfahrung kann sowohl ein Schulfach als auch eine Sportart oder eine andere Fertigkeit betreffen. Füllen Sie jetzt den Fragebogen auf der nächsten Seite aus.

Nachdem Sie das Formular ausgefüllt haben
Worauf machen Ihre Antworten Sie aufmerksam? Wie können Sie Ihren früheren Lernerfolg in Ihrem jetzigen Englischkurs am besten wiederholen? Vergleichen Sie Ihre Erfahrungen mit den Erfahrungen der anderen Kursteilnehmer und Kursteilnehmerinnen.

Erfolgreiches Lernen
Erfolgreiches Lernen hängt oft von Faktoren wie den folgenden ab:
- gute Lernatmosphäre (mit klaren Anforderungen, aber ohne Angst)
- viel Übung
- Selbstvertrauen
- klare Lernschritte
- starke Motivation.

Was sind für Sie die wichtigsten Punkte für den Lernerfolg? Fassen Sie sie im Fragebogen unten zusammen.

Dieses Formular können Sie auch von der NEXT-Internetseite herunterladen (**www.hueber.de/next**). Heben Sie das ausgefüllte Formular auf (zum Beispiel in Ihrem Sprachenportfolio) und in einigen Monaten kommen Sie darauf zurück und fragen sich: Habe ich gute Erfahrungen in meinem Englischkurs gemacht?

Aus meiner Lerngeschichte

Kreuzen Sie die passenden Antworten an.

	Meine gute Lernerfahrung		Meine schlechte Lernerfahrung	
Motivation:	Ja	Nein	Ja	Nein
Wie war Ihre Motivation zum Lernen?				
War sie von Anfang an stark?	■	■	■	■
Ist sie mittlerweile gestiegen?	■	■	■	■
Lehrperson:				
Haben Sie Unterricht mit einer Lehrperson gehabt?	■	■	■	■
Wenn ja, war die Lehrperson sympathisch?	■	■	■	■
Methoden: Wie haben Sie gelernt?				
Mit vielen Erklärungen?	■	■	■	■
Mit viel Übung?	■	■	■	■
Mit Spaß und Humor?	■	■	■	■
Mit viel Theorie?	■	■	■	■
Mit viel Vorgaben und Nachahmung?	■	■	■	■
Mit viel Fehlerkorrektur?	■	■	■	■
In einer Gruppe?	■	■	■	■
Allein?	■	■	■	■
Mit viel Schreiben?	■	■	■	■
Mit viel Wiederholung?	■	■	■	■
Mit vielen Tests?	■	■	■	■

Ihr Kommentar:

Ich lerne am besten, wenn ...

Datum: ____________

Meine Selbsteinschätzung

Im **NEXT**-Kurs haben Sie die Möglichkeit, sich selbst einzuschätzen. Was heißt das und wie machen Sie das am besten? Hier finden Sie Vorschläge dazu.

Bevor Sie mit der Selbsteinschätzung beginnen, sehen Sie sich auf Seite 70 an, wie die Stufe A1 allgemein beschrieben wird. Besonders wichtig ist der Satz über die nötige Geduld Ihrer Gesprächspartner. Das heißt, dass man auf dieser Kenntnisstufe z. B. einfache Fragen stellen und beantworten kann, aber nur in langsamem Tempo. Später kann man mehr und schneller sprechen.

Am Ende jeder Unit

1. Sehen Sie sich die Beschreibungen im **Exploring my progress**-Teil im **Student's Book** an.
2. Stellen Sie sich jede der beschriebenen Situationen vor. Denken Sie an die Aktivitäten in der **Unit** und im Unterricht zurück, mit denen Sie die jeweilige Situation „durchgespielt" haben. Wenn Sie jetzt sicher sind, dass Sie das Beschriebene können, kreuzen Sie das Smiley an.
3. Wenn Sie noch nicht sicher sind, können Sie die Lernaktivitäten und Übungen wiederholen, die nach jedem Lernziel angegeben sind.
4. Niemand erwartet, dass jede Kursteilnehmerin und jeder Kursteilnehmer jedes beschriebene Ziel am Ende der Einheit erreicht hat. Deshalb ist es wichtig, am Ende jeder **Unit** auch die Lernziele der früheren Units nochmals kurz zu kontrollieren: „Kann ich das jetzt/noch?".

Am Ende des Kurses

1. Am Ende von **Unit 6** machen Sie eine Selbsteinschätzung für diese **Unit**; aber kontrollieren Sie auch noch einmal die Lernziele der **Units 1 – 5**. Informieren Sie Ihre/n Kursleiter/in, welche Lernziele Sie nochmals anschauen und üben möchten.
2. Der **Starter**-Kurs bringt Sie in Richtung der europäischen Kenntnisstufe A1 deutlich voran. Nach dem **NEXT A1**-Kurs sollten Sie dieses Ziel erreicht haben. Eine Beschreibung der Stufe A1 finden Sie auf Seite 70 in diesem **Companion**. Im Sprachenportfolio gibt es Checklisten mit weiteren Beschreibungen für die Stufe A1. Beurteilen Sie Ihre Sprachkenntnisse auch anhand der Checklisten im Sprachenportfolio.
3. Planen Sie Ihre nächste Lernphase mit Hilfe des Fragebogens „Mein Lernplan" auf Seite 69.

Wie lerne ich am besten?

Jede und jeder von uns lernt anders. Nicht jede Aktivität oder Übung ist für alle Sprachlernenden gleich wirksam.

Lernertypen
Es gibt verschiedene **Lernertypen**, zum Beispiel:

- **den visuellen Typ**, der alles sehen muss und vieles bildhaft speichert;
- **den auditiven Typ**, den die Musik einer Sprache fasziniert, der die Töne der Sprache speichert;
- **den aktiven Typ**, der durch Ausprobieren lernt, der viel üben muss, der zum Beispiel alles aufschreiben muss, um es zu behalten;
- **den analytischen Typ**, der gern die Regeln studiert, um das grammatische System zu verstehen, und eine Sprache eher über die Logik lernt.

Persönlichkeitstypen

- Einige von uns sind eher extrovertiert, andere introvertiert.
- Einige sind stärker emotional, andere weniger usw.

Und Sie?
Sie sind wahrscheinlich eine Mischung aus den beschriebenen Lerner- und Persönlichkeitstypen. Beachten Sie aber die folgenden Vorschläge:

- Nutzen Sie alle Ihre Sinne beim Lernen (Sehen, Hören, Empfinden, Schmecken, Riechen, Fühlen).
- Lernen Sie sowohl durch das aktive Handeln (durch Ausprobieren) als auch reflektierend (durch Nachdenken).
- Das „schulische" Lernen mit den Schwerpunkten Analyse, Büffeln von Regeln und Vermeiden von Fehlern ist nicht der einzige Lernweg! Vielleicht lernen Sie besser auf andere Weise.

Lerntipps

- Der **NEXT**-Kurs bietet Ihnen im **Exploring learning**-Teil jeder **Unit** sowie im **Unit-Lernwortschatz** dieses **Companion** zahlreiche Lerntipps an. In jeder **Unit** gibt es Lerntipps zu einem bestimmten Thema.
- Probieren Sie diese Tipps aus. Besprechen Sie mit den anderen Kursteilnehmern und Ihrer Kursleiterin / Ihrem Kursleiter, wie Sie die Lerntipps finden. Sammeln Sie auch neue Ideen und Tipps.
- Kontrollieren Sie Ihre Erfahrungen in einigen Monaten noch einmal.

Meine Selbstbeurteilung am Ende des Kurses

Jetzt sind Sie am Ende des **NEXT Starter**-Kurses angelangt. Wo stehen Sie jetzt? Wie war der Lernweg bis jetzt? Wohin führt er in Zukunft?

Was können Sie jetzt? Was haben Sie gelernt?
Lesen Sie den Textabschnitt „Meine Selbsteinschätzung" auf Seite 66 noch einmal.

Wie haben Sie bis jetzt gelernt?
Sie haben in den letzten Wochen und Monaten viel gelernt: manches relativ leicht, manches mit mehr Mühe. Haben Sie Tipps ausprobiert, die für Sie beim Lernen hilfreich waren? Tauschen Sie sich mit den anderen Kursteilnehmern über die besten Lerntipps aus: Gibt es im Kurs klare Favoriten?

Was ist Ihr nächstes Ziel und wie wollen Sie dieses Ziel erreichen?

- Setzen Sie sich Ziele für Ihre nächste Lernphase. Benutzen Sie dafür das Formular auf der nächsten Seite.
- Besprechen Sie mit den anderen Kursteilnehmern und Ihrer Kursleiterin / Ihrem Kursleiter, was und wie Sie weiterlernen wollen. In einer Lerngruppe gibt es immer unterschiedliche Schwerpunkte, aber der **NEXT A1**-Kurs bietet Ihnen in jedem Fall eine Fülle von Möglichkeiten, aus denen Sie in Ihrer Gruppe die geeignetsten auswählen können.
- Heben Sie das ausgefüllte Formular in Ihrem Portfolioordner auf und kontrollieren Sie Ihre Lernfortschritte in einigen Monaten erneut.

Am Ende des Formulars notieren Sie Ihre persönlichen Lernschwerpunkte für die nächste Zeit. Hier sind zwei Beispiele:

Wortschatz besser lernen:
Ich werde mir vor dem nächsten Semester eine Wortschatzkartei anlegen.
Ich werde mir jeden Mittwoch um 18.00 (am Tag nach dem Englischkurs) die Zeit nehmen, den neuen Wortschatz auf Karteikarten zu schreiben.
Und ich werde 1–2-mal in der Woche (z. B. am Sonntag um 17.00) die Karten durcharbeiten.

Mehr sprechen:
Ich werde versuchen, im Kurs mehr zu sprechen.
Ich brauche mehr Zeit als andere, die passenden Wörter und Ausdrücke zu finden, aber ich werde die anderen um mehr Geduld bitten, also dass sie „auf mich warten".

Mein Lernplan

Datum: ______________

Wie zufrieden sind Sie mit Ihren Lernfortschritten?

	sehr zufrieden	ziemlich zufrieden	unzufrieden	Lernschwerpunkt
Wortschatz lernen	■	■	■	■
Texte lesen	■	■	■	■
Hörverstehen	■	■	■	■
Sprechen: zusammenhängende Sätze produzieren	■	■	■	■
Sprechen: Kommunikation mit anderen	■	■	■	■
Lesen	■	■	■	■
Grammatik verstehen	■	■	■	■
Grammatik anwenden	■	■	■	■
Aussprache	■	■	■	■
Schreiben	■	■	■	■
Rechtschreibung	■	■	■	■
Gedächtnisleistung	■	■	■	■
Teilnahme am Unterricht	■	■	■	■
Häusliche Lernarbeit	■	■	■	■

Mein Plan

Wählen Sie 1-2 Lernschwerpunkte aus. Schreiben Sie für jeden Schwerpunkt Ihren Plan. Bleiben Sie so konkret wie möglich (siehe Seite 68).

Schwerpunkt 1:

____

____

____

____

____

Schwerpunkt 2:

____

____

____

____

____

Das europäische „A1-Niveau"

Hören

Ich kann vertraute Wörter und ganz einfache Sätze verstehen, die sich auf mich selbst, meine Familie oder auf konkrete Dinge um mich herum beziehen, vorausgesetzt, es wird langsam und deutlich gesprochen.

Lesen

Ich kann einzelne vertraute Namen, Wörter und ganz einfache Sätze verstehen, z. B. auf Schildern, Plakaten oder in Katalogen.

Sprechen: an Gesprächen teilnehmen

Ich kann mich auf einfache Art verständigen, wenn mein/e Gesprächspartner/in bereit ist, etwas langsamer zu wiederholen oder anders zu sagen, und mir dabei hilft zu formulieren, was ich sagen möchte. Ich kann einfache Fragen stellen und beantworten, sofern es sich um unmittelbar notwendige Dinge und um sehr vertraute Themen handelt.

Sprechen: zusammenhängendes Sprechen

Ich kann einfache Wendungen und Sätze gebrauchen, um Leute, die ich kenne, zu beschreiben und um zu beschreiben, wo ich wohne.

Schreiben

Ich kann eine kurze, einfache Postkarte schreiben, z. B. Feriengrüße. Ich kann auf Formularen, z. B. in Hotels, Namen, Adresse, Nationalität usw. eintragen.

Dieser Text ist ein Ausschnitt aus dem Selbstbeurteilungsraster im Sprachenpass des Sprachenportfolios. Wenn Sie mehr Informationen möchten, gehen Sie auf die NEXT-Internetseite (**www.hueber.de/next**).

My Notes
Meine Notizen

My Notes

Meine Notizen